AF229346

CATÉCHISME

DE LA CHARTE

CONSTITUTIONNELLE.

OUVRAGES NOUVEAUX

QUI SE TROUVENT CHEZ LES MÊMES LIBRAIRES.

DE LA JUSTICE CRIMINELLE EN FRANCE, d'après les lois permanentes, les lois d'exception et les doctrines des tribunaux; par M. BERENGER, ancien avocat général : un fort vol. in-8°. Prix, 7 fr. 50 c., et 9 fr. 50 c. franc de port.

LE CRI DE LA NATION sur la Politique et l'Administration civile, économique et financière du MINISTÈRE depuis deux ans, par *Alexandre Crevel*, auteur du CRI DES PEUPLES, avec un supplément servant d'introduction à la défense relative *à la saisie du CRI DES PEUPLES*; in-8°. Prix, broché, 2 fr. 50 cent., et 3 fr. 10 cent. franc de port.

RÉPONSE AU DISCOURS DE MILORD STANHOPE sur l'occupation de la France par l'armée étrangère; *deuxième édition*, la première ayant paru à Londres; in-8°. Prix, broché, 1 fr. 75 cent., et 1 fr. 50 cent. franc de port.

RÉFLEXIONS SUR LA PROTESTATION DU PAPE PIE VII relative A AVIGNON et AU COMTAT VENAISSIN, par M. *Moureau* (de Vaucluse), avocat; in-8°. Prix, broché, 1 fr. 50 cent., et 1 fr. 75 cent. franc de port.

MÉMOIRE SUR LA DIMINUTION DU TRAITEMENT AFFECTÉ AUX MEMBRES DE LA LÉGION D'HONNEUR, comparé à la dotation de l'ex-sénat, de la chambre des pairs et des chevaliers de Saint-Louis.—Réflexions sur ces différentes positions, in-8°. Prix, broché, 75 cent., et 90 cent. franc de port.

SUR LA NÉCESSITÉ D'ABROGER LES ANCIENNES LOIS RENDUES CONTRE LE DUEL, à l'occasion de celui qui a eu lieu entre MM. DUFAY et SAINT-MORYS, par l'auteur du Cri de l'armée, in-8°., broché, 75 c., et 90 c. franc de port.

L'éditeur poursuivra devant les tribunaux tout éditeur ou distributeur d'édition contrefaite de cet ouvrage.

Imprimerie de RENAUDIÈRE, Marché-Neuf, n°. 48.

CATÉCHISME
DE LA CHARTE
CONSTITUTIONNELLE,

A L'USAGE DE TOUTES LES CLASSES DE CITOYENS,

OU

Dialogues entre un Curé Vendéen, devenu constitutionnel,
et un Grenadier de l'ex-garde, redevenu cultivateur,

PAR M. JOSEPH REY (de Grenoble),

EX-PRÉSIDENT DU TRIBUNAL DE RUMILLY.

—————

PARIS.

L'HUILLIER, LIBRAIRE ÉDITEUR, rue Serpente,
n°. 16.

1818.

CATÉCHISME

DE LA CHARTE CONSTITUTIONNELLE,

OU

DIALOGUES entre un Curé vendéen, devenu constitutionnel, et un Grenadier de l'ex-garde, redevenu cultivateur.

PREMIER DIALOGUE,
SERVANT D'INTRODUCTION.

LE GRÉNADIER.

Bonjour, M. le Curé ; j'ai quelque chose qui me trotte par la tête depuis quelque temps, et je viens vous consulter.

LE CURÉ.

Qu'est-ce, mon ami ! Si je puis t'obliger je le ferai volontiers.

LE GRENADIER.

Tenez, M. le Curé, il y a quelque chose en l'air que je ne comprends pas. On ne parle plus comme autrefois. Il n'y a pas long-temps qu'on ne parlait dans le village que de dévouement à la *bonne cause*, de haine aux *jacobins*, aux *bonapartistes*; et l'on n'entend plus aujourd'hui que les mots de *charte constitutionnelle*, d'*égalité politique*, de *liberté individuelle*, de *liberté de la presse*. J'ai bien retenu tous ces mots-là, mais je voudrais savoir ce qu'ils signifient, car je m'ennuie de n'y rien comprendre.

LE CURÉ.

Tu n'y penses pas, mon cher; ce n'est pas à moi qu'il fallait t'adresser pour apprendre ces choses-là. Le ministère d'un bon pasteur doit se borner à annoncer les vérités de notre sainte religion, et il ne nous appartient pas d'entrer dans les discussions des choses terrestres. Je suis donc bien fâché de ne pouvoir te satisfaire.

LE GRENADIER.

Ah! je vous demande bien pardon, M. le Curé. Mais cependant je vous dirai une chose, c'est que je ne viens pas à vous comme à notre pasteur, mais comme à un vrai brave homme, connu pour tel dans toute la paroisse ; comme çà, il me semble que vous pouvez m'expliquer tout ce que je vous demande.

LE CURÉ.

Tu n'es pas maladroit ; mais, en conscience, je ne puis me payer de cette raison. Les fonctions d'un pasteur l'accompagnent partout, et il doit y prendre bien garde lorsqu'il s'agit de faire usage de l'ascendant que lui donne, même hors du temple, la sainteté de son ministère. Il doit craindre surtout de semer des germes de discorde entre les hommes ; car il est, au contraire, chargé de les ramener sans cesse à la bienveillance et à la paix. Et comment ne vois-tu pas que si nous entrons dans des discussions de politique, cette source de divisions entre les meilleurs amis, entre le frère et le frère, entre l'époux et l'épouse, nous nous exposons à être complices d'un tel malheur et des crimes qui souvent en sont la suite ?

LE GRENADIER.

M. le Curé, je vois bien à tout ce que vous me dites-là, que vous êtes vraiment un brave homme, comme je vous l'ai déjà dit, et je crois

(4)

que vous avez raison au fond. Mais tenez, vous
savez que je dis tout ce que je pense.... Eh bien!..
je vous dirai.... Je crains pourtant de vous fâ-
cher, car je vous aime et vous respecte comme
mon père.

LE CURÉ.

Ne crains rien, mon enfant; je sais que tu ne
peux avoir l'intention de me désobliger, et je
prendrai de bonne part tout ce que tu me diras.

LE GRENADIER.

Voici ce que je veux vous dire : Il me semble
que vous n'avez pas toujours pensé comme çà ;
car, si je me le rappelle bien, lorsque je n'étais
encore qu'un petit garçon, et que les uns se bat-
taient pour le Roi, les autres pour la république,
j'entendais dire tous les jours : « M. le Curé a
» dit ceci, M. le Curé a dit cela ; il faut faire
» ce que veut M. le Curé. »

LE CURÉ.

Tu ne me fâches point, mon ami, quoique
tu me rappelles une des erreurs les plus funestes
de ma vie, erreur qui m'a coûté bien des regrets.
J'étais jeune alors, sans expérience, et plein
d'un zèle ardent qu'il était facile d'égarer.

J'avais perdu de vue cette maxime salutaire de notre saint évangile : « Qu'il faut rendre à César » ce qui appartient à César. » Ce qui ne veut dire autre chose, sinon qu'un véritable apôtre doit se soumettre au gouvernement, quelle que soit sa forme et la croyance de ses dépositaires; car tu sauras que ce César était un empereur païen, et que notre divin Sauveur disait pourtant qu'il fallait lui rester soumis. J'eus donc le plus grand tort lorsque je refusai d'obéir au gouvernement de ce temps-là, et lorsque je mêlai ma voix à celle des discoureurs politiques. J'oubliai trop que c'est surtout au milieu des dissensions civiles que doit intervenir notre ministère de paix; qu'alors, au lieu d'aigrir les passions par des controverses imprudentes, nous devons chercher à les calmer par le langage d'une douce tolérance. Hélas ! mon cœur se brise toutes les fois que je songe aux maux que j'ai pu moi-même occasionner par mon imprudence et par l'oubli de mes vrais devoirs.... lorsque je pense que peut-être le sang de mes frères....

LE GRENADIER.

Oh ! je vous en supplie, notre brave et digne pasteur, n'allez pas plus loin; c'est moi qui seul ai tort, c'est moi qui vous ai dit ce que je n'aurais pas dû vous dire, à vous, notre respectable père. Non, il n'est pas possible que vous ayez eu tous ces torts là. Mais tenez, laissons ce chapitre, je ne veux plus rien savoir, puisque çà vous fait de la peine; ou plutôt, je veux vous prier seulement de me dire à qui je puis m'adresser pour savoir ce que vous ne pouvez m'apprendre vous-même.

LE CURÉ.

Ce n'est pas toi, mon enfant, qui m'as fait de la peine, c'est le souvenir de mes fautes; et il est bon de se les rappeler par fois pour n'y pas retomber. Cependant, comme il ne faut rien pousser à l'extrême, je ne me refuserais pas entièrement à te communiquer mes faibles idées sur le sujet qui t'intéresse, parce que je suis bien sûr que, maintenant, mes maximes ne seraient plus celles d'un parti acharné contre l'autre, mais celles d'un homme qui connaît les erreurs de tous les partis, et qui n'aspire plus qu'à voir confondre tous les sentimens dans l'amour de l'ordre et de la justice; ainsi, je pourrais, jusqu'à un certain point, toucher ces matières délicates sans manquer aux devoirs de mon état; mais ce qui me retient encore, c'est la crainte que, venant à mal saisir le sens de mes paroles, tu ne fisses servir l'autorité de mon ministère à t'abuser toi-même, et ensuite, à communiquer aux autres de faux principes.

LE GRENADIER.

Oh! pour ce dernier point, M. le Curé, je puis bien ne pas saisir de suite le bon côté de ce que vous pourrez me dire, car c'est difficile, à nous autres, de comprendre tout d'un coup des choses comme çà; mais je vous promets de n'en jamais parler à personne, et je vous en donne ma parole de bon grenadier. Je n'y ai jamais manqué.

LE CURÉ.

C'est fort bien, mon ami, j'y compterais parfaitement; mais, je ne sais pourquoi j'ai encore une répugnance à parler de politique; d'ailleurs, songe à mon peu d'habitude de ces matières. Ne pourrais-tu pas t'adresser à M. le maire?

LE GRENADIER.

Notre maire, M. le marquis de **? Ah! notre bon curé, ce n'est pas un homme comme vous, ce M. le marquis. Il n'en sait, je crois, guère plus long que moi, et cependant, il veut paraître d'une science à laquelle nous ne saurions jamais arriver nous autres. Je lui ai bien demandé plusieurs choses en fait de politique, mais il m'a tou-

jours dit avec humeur, que ça n'était pas fait pour
nous, que nous n'avions qu'à faire de nous en
mêler ; que le petit peuple devait savoir obéir et
ne pas tant raisonner ; en un mot, qu'il fallait
laisser le soin de raisonner politique à nos maires,
nos préfets, nos juges, et à ces messieurs de Paris. Vous ne pensez pas comme ça, n'est-ce pas
M. le Curé ?

LE CURÉ.

Écoute, mon ami, soyons sages dant tout. M. le
marquis pourrait bien avoir raison jusqu'à un certain point. Il n'est que trop vrai qu'un journalier
de campagne, comme toi, ou même un simple
ouvrier de ville, qui n'a de temps que pour gagner
sa vie, ne peut perdre des momens, aussi indispen-
sables pour lui, à se creuser la tête sur des livres
de politique ou de toute autre science ; car alors,
il s'exposerait à mourir de faim ou à laisser souf-
frir sa famille. Mais si M. le marquis prétend que
la politique a quelque chose de particulier qui
fait qu'un journalier ou un ouvrier ne doive pas
s'en occuper, lors même qu'il le pourrait sans
nuire à sa subsistance, je pense qu'il a complettement tort ; car je crois, moi, que c'est précisément la politique qui doit, avec la morale et la
religion, occuper les premiers loisirs de tout
homme sensé. Je vais te faire comprendre cela ;

(9)

Suppose, par exemple, que tu ailles dans une voiture, que tu ne conduirais cependant pas toi-même ; certainement, tu ne dois pas t'occuper, sans rime ni raison, à tourmenter le cocher ; mais il serait tout aussi insensé de fermer entièrement les yeux sur sa manière de conduire, surtout si tu avais souvent fait des chutes dangereuses. Il est des instans où il faut bien crier à un cocher : *Prends garde de verser.* Il est même très-souvent dans son intérêt qu'on sache un peu comment se mène une voiture ; car un homme trop ignorant là-dessus serait toujours disposé à accuser un pauvre voiturier qui aurait le malheur de se trouver dans un mauvais chemin, et qui ne pourrait éviter tous les mauvais pas. Eh bien ! mon ami, en politique, c'est tout-à-fait la même chose. Les cochers, ce sont les gens en place, et les particuliers, comme toi, comme moi, comme tant d'autres, ce sont les gens qui sont sur la voiture. Or, ne serions-nous pas bien fous, ou plutôt bien imbécilles, si nous ne regardions pas de temps en temps comment ces Messieurs nous conduisent. Nous y avons un très-grand intérêt, parce qu'il vaudrait mieux encore crier inutilement, que de verser faute d'avoir crié. D'ailleurs, étant dans bien des cas chargés de choisir nos gens en place, comme

nous choisissons nos voituriers, il faut connaître leur savoir-faire avant de les choisir ; et,
pour cela sans doute, il faut bien remarquer
comment ils conduisent. Mais, je le répète, il
faut que ce soit avec modération, et sans trop
les tourmenter.

LE GRENADIER.

Ainsi donc, M. le Curé, je pourrai, les dimanches et les fêtes, lire dans ces gros livres de
politique que j'ai vus quelquefois chez M. le
maire et chez mon voisin Thomas?

LE CURÉ.

Doucement : prends garde d'avoir mal compris ce que je viens de te dire. M. le maire, et
même ton voisin Thomas, sont des gens riches,
et par conséquent, ils ont beaucoup de temps à
donner à la lecture ; ils ont aussi des enfans qui
ne seront pas obligés de travailler pour vivre, et
à qui ils pourront donner une bonne éducation.
Ces gros livres peuvent donc leur être très-utiles,
et il est fort heureux que quelques hommes aient
les moyens de s'instruire à fond là-dessus. Mais
l'homme pauvre et occupé n'a pas ces moyens, et il
ne peut avoir que quelques idées essentielles sur
ce point. Tiens, pour prendre encore l'exemple de

la voiture, tu ne peux savoir à fond le métier de charron, ni celui de maréchal, ni toutes les finesses pour conduire les chevaux ; mais tu peux fort bien avoir l'œil sur le cocher, pour voir s'il est attentif et s'il ne fait pas de trop grandes sottises.

LE GRENADIER.

Mais comment pourrai-je atrapper tout juste ce qu'il faut que je sache, sans aller trop loin ni sans rester en arrière?

LE CURÉ.

La chose est assez difficile, parce que nous manquons de bons livres *élémentaires* en politique, c'est-à-dire de livres qui puissent être compris par des gens de peu d'instruction, et qui leur apprennent en peu de mots les idées principales de cette science. A défaut de bons livres, on pourrait encore s'instruire, jusqu'à un certain degré, par des entretiens familiers avec des personnes plus instruites, et c'est pour cela que je regrette beaucoup que M. le maire n'ait pas voulu t'aider à cet égard.

LE GRENADIER.

Tenez, M. le Curé, pour cela je n'ai de confiance qu'en vous ; et puisque vous avez eu déjà la complaisance de m'expliquer ces premières choses, je vous prie d'avoir encore la bonté de m'apprendre ce que signifient ces mots singuliers dont je vous ai parlé en commençant. Vous savez que je ne vous trahirai pas, et que personne ne saura ce que vous m'avez dit. D'ailleurs, comme je suis bien sûr que vous ne prêcherez que la paix et tout ce qu'il y a de bon, on ne pourrait pas dire que vous auriez abusé de votre caractère de pasteur pour brouiller les amis et les parens.

LE CURÉ.

Tu finis toujours par me faire entendre tout ce que tu veux, et tu es d'ailleurs un si brave garçon, que je ne puis rien te refuser. Tu m'as demandé, je crois, comment il faut entendre d'abord ces mots de *bonne cause*, de *jacobins*, de *bonapartistes*, et ceux de *charte constitutionnelle*, d'*égalité politique*, de *liberté individuelle*, de *liberté de la presse?*

LE GRENADIER.

Oui, c'est cela tout juste. Et en premier lieu que doit-on entendre par la *bonne cause?*

LE CURÉ.

On ne peut entendre par la *bonne cause* que

celle qui a pour but l'amour de l'ordre et de la justice, quelle que soit du reste l'opinion d'un homme sur la meilleure forme de gouvernement. Celui qui reste soumis aux lois, et qui ne fait de tort à personne, est toujours le vrai partisan de *la bonne cause*, car il n'est aucun gouvernement juste qui puisse avoir un autre but; tandis que l'homme qui se targuerait d'être exclusivement fidèle à la famille du prince qui règne sur une nation, serait néanmoins traître à *la bonne cause* s'il ne faisait servir le pouvoir de sa place ou la faveur du prince, que pour assouvir ses passions, c'est-à-dire, pour vexer ses concitoyens par orgueil ou par intérêt, pour acquérir injustement des honneurs ou des richesses, pour se venger de ceux dont il croit avoir à se plaindre, ou trahir son ami sous prétexte d'opinions politiques.

LE GRENADIER.

Je m'étais toujours douté de cela; mais, comment se fait-il que l'on criait si fort, il y a quelque temps, contre les *jacobins* et les *bonapartistes*, et que l'on vexait avec ces mots-là de si braves gens? Par exemple, n'a-t-on pas traité de *jacobin*, mon pauvre vieux père, qui est si brave homme, et mon voisin Thomas, qui est si doux et si tranquille? et moi, qui vous parle, ne m'a-t-on pas traité de *bonapartiste*, sans doute parce que j'ai bien servi notre général, qui couchait quelquefois sur la dure avec nous, et qui nous a fait gagner tant de batailles?

LE CURÉ.

On a fait abus des expressions dans tous les temps, et surtout dans nos troubles politiques. Mais il faut chercher au fond ce que signifient les mots dans l'esprit des gens raisonnables, et l'on doit fort peu s'embarrasser de ce qu'en pensent les autres.

Par exemple, quant au mot *jacobin*, tu sauras qu'au commencement de la révolution, il y avait à Paris une société d'hommes qui s'assemblaient pour parler de politique, dans un local ayant appartenu à un couvent de ci-devant *jacobins*. Parmi ces hommes, il y en avait sans doute de très-honnêtes; mais d'autres, trop fougueux ou mal intentionnés, ayant exagéré les principes de la révolution pour commettre des crimes et satisfaire leurs passions particulières, et étant devenus odieux à presque tout le monde, on a pris l'habitude de nommer *jacobin* tout homme qui cherche à faire naître des révolutions ou à s'en emparer, non pour réformer les abus, mais pour se livrer, comme je l'ai déjà dit, à toutes ses passions injustes. Mais tu vois que ce nom, vraiment odieux dans ce sens, doit être donné à tout homme qui se conduit ainsi, quelle que soit son opinion et la couleur de sa cocarde. Ainsi, lorsqu'autrefois, dans des temps bien reculés, les nobles se révoltaient à chaque instant contre nos rois, lorsqu'ils s'égorgeaient entr'eux, lorsqu'ils se transformaient en voleurs de grand chemin pour dépouiller et massacrer les voyageurs, eh bien! ces nobles là étaient des *jacobins*. Lorsque dans le même temps, et même plus tard, le pape, les prêtres et les moines soulevaient les peuples contre l'autorité souveraine, lorsqu'ils faisaient égorger le meilleur des rois, notre bon Henri IV; eh bien! ces papes, et ces prêtres et ces moines étaient aussi des *jacobins*, et les plus affreux de tous, parce qu'ils faisaient servir à leurs passions ce qu'il y a de plus sacré parmi les hommes!... Lorsqu'ensuite, dans notre malheureuse révolution, des gens de toutes les classes ont abusé de leur empire sur le peuple pour satisfaire leurs passions injustes, lorsqu'ils ont fait proscrire des classes entières de citoyens, lorsqu'au nom de l'égalité ils ont acquis des fortunes immenses aux dépens de la fortune publique, lorsqu'au nom de la liberté ils ont organisé la plus affreuse tyrannie et couvert la France d'échafauds; eh bien! ces

prétendus républicains étaient des *jacobins!...*
Enfin, depuis le retour des Bourbons, tous ces
prétendus royalistes exclusifs, qui n'ont fait servir leur nouvelle puissance que pour chercher à
rétablir d'injustes priviléges, pour troubler les
propriétés légalement acquises, pour assurer leur
vengeance ou leur cupidité, ceux qui ont excité
les peuples de nos campagnes à se former en
troupes séparées de celles du Roi, pour amener
au besoin la guerre civile, ceux qui ont porté les
peuples du midi à égorger les protestans ou les
prétendus bonapartistes, ceux enfin qui auraient
de nouveau couvert la France de deuil et de
sang, si le pouvoir ne leur eût été retiré; eh bien !
ces soi-disant *royalistes purs*, c'étaient encore
des jacobins!...

Quant au mot *bonapartiste*, comme Bonaparte a souvent abusé de son pouvoir et que
sous lui, les gens en place vexaient souvent sans
raison les citoyens, et sans qu'on pût obtenir justice, on appelle de ce nom tous ceux qui abusent
de même de leur pouvoir pour opprimer leurs
semblables. Tu vois par-là, qu'un tel nom ne peut
s'appliquer à toi, pauvre diable, qui n'as jamais
vexé personne, qui fus d'abord forcé de partir
comme conscrit, et qui n'as fait qu'obéir aveuglément, et par force, au général en chef de ce

temps-là ; et quand même tu aurais éprouvé de l'enthousiasme pour lui, tu as partagé cette erreur avec toute la France et même l'Europe, qu'il remplissait de sa gloire, fausse à la vérité, mais trop éblouissante pour le commun des hommes. On ne peut non plus t'en vouloir d'avoir aimé le général qui semblait n'aimer que ses soldats ; l'erreur, et surtout la reconnaissance, ne pourront jamais être imputés à crime. Les vrais *bonapartistes*, dans le *sens odieux de ce mot*, sont ceux qui, sous tous les régimes, avant la révolution, durant la république, sous le consulat et l'empire, depuis le retour des Bourbons, se sont toujours empressés de tromper ou corrompre les agens du pouvoir par de viles flatteries, qui les ont toujours aidés dans leurs moyens d'oppression envers leurs concitoyens, ou qui se sont eux-mêmes rendus coupables de ces crimes. Voilà les gens à jamais méprisables, à jamais dangereux, et qui font plus de mal à l'humanité que la grêle et la famine, que la guerre et la peste !...

LE GRENADIER.

Ah ! M. le Curé, comme vous parlez bien et juste !... Je ne sais où vous prenez tout ça pour l'arranger si bien à propos ; mais c'est pourtant singulier, et quoique je ne puisse pas si bien nié soulager le cœur par moi-même, il me semble que j'ai toujours pensé comme ça. Je me disais toujours : Comment se peut-il que des gens qui n'ont fait que du bien, soient des coquins, et que ceux qui n'ont fait ou voulu faire que du mal, soient de braves gens ? Non, cela ne se peut pas, car avec cela, Dieu ne serait pas juste. Mais à présent, j'espère que vous voudrez bien me dire ce que c'est que *la charte constitutionnelle, l'égalité politique, la liberté individuelle, la liberté de la presse.* Je ne comprends pas bien tous ces mots-là, mais il me semble que ça nous touche de bien près.

LE CURÉ.

Je ne me refuse point à te satisfaire là-dessus, au moins tant que mes faibles moyens le permettent ; mais comme tout cela se tient ensemble, et que ce serait un peu long à t'expliquer, il vaut mieux remettre la suite à un autre jour. Il n'est pas mal non plus que tu réfléchisses un peu dans la semaine à ce que je viens de te dire. Ainsi donc, reviens dimanche prochain.

LE GRENADIER.

Oh ! je n'y manquerai point, et je vous remercie toujours bien pour aujourd'hui.

DEUXIÈME DIALOGUE.

LE CURÉ.

Te voilà de bon matin, c'est d'un bon augure; cela prouve que tu as vraiment envie de t'instruire; et cette envie te sera très-utile, car ce que je dois te dire aujourd'hui ne sera pas aussi facile à expliquer que tu peux le croire.

LE GRENADIER.

Oh! pour çà, M. le Curé, je me suis toujours douté que çà n'était pas aisé, car autrement, je l'aurais bien entendu de moi-même; mais j'y mettrai tant d'attention que vous ne prêcherez pas à un sourd.

LE CURÉ.

C'est fort bien. Tu es impatient de savoir d'abord ce que c'est que *la charte constitutionnelle*, et je vais tâcher de te le faire entendre : Si tu voulais affermer un bien considérable, dans lequel il y aurait beaucoup d'effets à prendre en charge, tels que des instrumens d'agriculture, des bestiaux, des grains, des fourrages, etc., tu ne t'en rapporterais pas à ta mémoire, ni ton propriétaire non plus, et vous songeriez tous deux à mettre vos conditions par écrit; mais il y aurait encore une autre raison que celle de les retenir par cœur, ce serait la crainte que l'un ou l'autre ne cherchât à ramener tout de son côté, ou une part plus forte que celle qui lui reviendrait. Les bons comptes font les bons amis. Tu en ferais autant avec un maçon, un charpentier, qui devraient bâtir ou réparer ta maison, et la prudence te dirait toujours de faire tes prix d'avance et de t'assurer de la qualité des matériaux; eh bien! en politique, c'est-à-dire, dans ce qui tend à régler les affaires d'une nation, c'est tout-à-fait de même: il y a tant de choses à arrêter et tant d'intérêts divers à arranger, qu'on ne s'y reconnaîtrait plus, et qu'on ne saurait jamais ce qui est dû à l'un plutôt qu'à l'autre, si tout cela n'était écrit d'avance. Tu vois que cela n'est pas imaginé par caprice, ou comme le disent certaines gens, par des philosophes qui veulent tout confondre; c'est tout bonnement la nécessité trop sentie de mieux régler les affaires de la nation, qui, par exemple, nous a conduits, en France, à désirer ce qu'on

appelle une *constitution* ou *charte constitution-*
nelle, c'est-à-dire, un acte écrit où sont fixées les
conditions de la grande affaire de nous gouverner.
Le mot *charte* vient d'un mot latin, qui veut dire
papier, et le mot *constitutionnel* revient à l'idée
d'arrangement ou de distribution, comme on dit
d'un homme qu'il a une bonne constitution, lorsque toutes les parties de son corps sont bien ar-
rangées pour qu'il puisse s'en servir avantageusement. Ainsi, la charte constitutionnelle, en
France, est un papier où sont écrits les arrange-
mens, les conditions de notre gouvernement.

LE GRENADIER.

Vous dites en France : ce n'est donc pas ar-
rangé comme ça dans tous les pays? Comment
cela est-il possible? le bon sens le dit pourtant.

LE CURÉ.

Le bon sens, mon cher, est trop souvent le
dernier conseiller qu'on écoute. Non-seulement
il est des pays où l'on n'a point encore de charte
constitutionnelle, mais il n'y a pas trente ans que
nous en avons une en France. Nous avions,
il est vrai, certaines lois particulières, dont quelques-unes même étaient fort sages, telles que des

lois sur les testamens, les donations, sur la vente,
sur le commerce, etc.; mais on n'avait rien fixé
sur les droits généraux des citoyens, ni sur les
différentes autorités publiques. C'était de même
que si, dans un contrat de fermage, on se bor-
nait à fixer la manière dont les gens de la ferme
s'arrangeront entr'eux pour labourer, pour soi-
gner les bestiaux, mais sans dire quels sont les
droits du fermier et du propriétaire, ni qui doit
prononcer entr'eux, en cas de difficulté. Tu sens
que ce serait oublier la chose principale; car
cette incertitude dans ce qui reviendrait à l'un et
à l'autre ne permettrait pas d'exploiter la ferme
aussi avantageusement que si tout cela était bien
fixé, sans compter les disputes qui naîtraient
sans cesse entre le propriétaire et le fermier,
faute de s'entendre.

LE GRENADIER.

Tout cela est fort bien; je le comprends à mer-
veille, et je répéterai avec vous : Les bons
comptes font les bons amis. Mais j'ai entendu
dire l'autre jour à Michel, le cabaretier du grand
chemin, qui, vous le savez, est un homme ca-
pable, qui a toujours lu dans les gazettes, je lui ai
entendu dire que toutes ces chartes ou constitutions ne servaient à rien; qu'on passait toujours

par dessus, et qu'elles n'empêchaient pas que les plus forts fussent toujours les plus forts, ou qu'on pût avec de la ruse vexer impunément les gens simples ; qu'enfin, depuis la révolution, nous avons eu beaucoup de constitutions, sans être mieux gouvernés pour cela.

LE CURÉ.

Malheureusement les apparences sont entièrement pour ce que tu viens de dire ; mais cependant, en réalité, rien n'est plus faux, et tu vas en juger toi-même. Avant d'être soldat, tu savais bien un peu manier un fusil, et t'en servir au besoin ; tu croyais même n'être pas très-gauche à cet egard. Cependant aussitôt que tu fus au régiment et qu'on voulut t'apprendre l'exercice, tu te trouvas fort embarrassé, et tu ne savais plus faire rien qui vaille. C'était tout simple, parce que lorsqu'on désapprend une chose pour en apprendre une autre, c'est toujours plus difficile que si l'on n'avait rien su auparavant. Mais cela ne voulait pas dire que la manière dont on t'instruisait de nouveau fût mauvaise, car, après un certain temps d'exercice, tu es devenu bien plus habile. Tu sais à présent tirer cinq coups de fusil dans une minute ; tu sais bien démonter et nétoyer ton arme, et tu ne crains plus, comme aupara-

ravant, qu'elle ne crève au premier instant dans
tes mains. Eh bien, c'est la même chose en
politique, en ce qui concerne l'établissement
d'un gouvernement constitutionnel. Comme nous
avions à rompre de mauvaises habitudes de gouvernement, comme il nous a fallu désapprendre
tout cela, nous avons d'abord été plus gauches
qu'auparavant, et nous avons souvent été plus
mal gouvernés. Mais cela ne prouve rien contre
la bonté de nos constitutions, ni contre la nécessité d'en avoir une; et avec le temps, lorsque
nous serons mieux exercés à en jouir, à nous
gouverner par ce moyen-là, nous deviendrons
nécessairement plus habiles, nous éviterons les
fautes inévitables lorsqu'on commence à apprendre quelque chose, et nous finirons par ne plus
craindre ces secousses violentes auxquelles nous
a conduit jusqu'à présent notre ignorance seule
des véritables principes du gouvernement.

Il faut encore penser à une autre cause qui ne
nous a pas permis d'être bien gouvernés depuis
la révolution. Si tes voisins entouraient ta maison
pour la brûler ou la démolir; si, pour comble
de malheur, une grande partie de tes enfans et
de tes domestiques voulaient au-dedans t'égorger ou t'empoisonner, pourrais-tu rester de sang
froid? Pourrais-tu répondre que tu ne ferais pas

quelque acte de sévérité extraordinaire, et peut-être d'injustice, pour ramener l'ordre dans ta maison? Et serait-il bien juste ensuite de te juger toi-même avec autant de sévérité que si tu avais agi dans des circonstances ordinaires? Eh bien, dans notre révolution, et surtout dans son principe, la pauvre France a été bien malheureuse; entourée d'ennemis formidables, de toute l'Europe au-dehors, elle était, au-dedans, en proie à la désorganisation et à la trahison d'une partie de ses serviteurs et de ses enfans.... La terreur dont était frappée dans son berceau la nation renaissante, l'indignation qu'elle devait éprouver contre la trahison et le parjure qui lui rongeaient le cœur, ces cruels sentimens ont dû nécessairement la conduire à des actes de sévérité extraordinaire, et même à des actes d'injustice. Mais serait-t-il bien équitable de la juger maintenant sans tenir compte des circonstances malheureuses dans lesquelles elle s'est trouvée? serait-il juste et raisonnable de prononcer l'insuffisance absolue des constitutions, qui ne furent essayées que dans des circonstances aussi impérieusement extraordinaires?

Enfin il n'est pas exact de dire que les constitutions n'ont servi de rien en France, même dans les temps les plus orageux. Elles ont toujours plus ou moins arrêté ceux qui voulaient opprimer les braves gens, et cela est si vrai, qu'en 1793, lorsque les jacobins *tricolores*, c'est-à-dire ceux qui portaient la cocarde aux trois couleurs, voulurent répandre la terreur révolutionnaire dans toute sa force, ils commencèrent par suspendre la constitution; et, plus près de nous, en 1816, lorsque les jacobins *blancs*, c'est-à-dire ceux qui faisaient le plus parade de la cocarde blanche, voulurent organiser leur système de vengeance et de terreur contre-révolutionnaire, ils prirent le parti d'entamer sans cesse la charte. Mais ce qui prouve combien c'est une bonne chose qu'une constitution ou une charte, c'est qu'à force de crier : La charte ! la charte! on a enfin obligé ces forcenés de tous les partis de revenir à ses principes salutaires, d'une manière plus ou moins complète, mais assez pour ramener la paix et l'espérance parmi nous. Il faut donc croire que les choses iront toujours de mieux en mieux, et que nous arriverons bientôt à un temps où personne ne violera plus cette charte, qui est notre sauve-garde à tous.

LE GRENADIER.

A présent je vous comprends tout-à-fait, M. le Curé. Mais j'ai encore entendu dire une autre chose que je n'ose presque pas répéter, car cela me fait trembler maintenant que je vois combien une charte bien exécutée peut faire de bien. On dit que la charte n'est pas à nous ; que c'est le Roi qui nous l'a donnée de sa propre autorité, et qu'il peut toujours nous l'ôter sans que nous ayons rien à dire.

LE CURÉ.

Ceux qui tiennent ces discours sont bien ignorans, s'ils ne sont pas les plus grands ennemis de la nation et du Roi lui-même. Ils sont bien ignorans ; car comment ne savent-ils pas que, par cela seul qu'une chose a été donnée, elle appartient à celui qui l'a acceptée ? Tout le monde est d'accord là-dessus, dans les petites choses comme dans les grandes. Par exemple, tu me donnes un fruit pour me désaltérer, et lorsque je le porte à ma bouche, viendrais-tu me l'arracher sans que j'eusse le droit de me plaindre ? Par exemple encore, le père André, ton parrain, t'a donné le jardin que tu cultives, où tu as fait même bâtir une petite maison ; et crois-tu qu'il dépende de lui de t'en priver, sur-tout lorsque tu as bâti dessus et que tu as bonifié le terrain ? Il en est de même de la charte qui nous a été donnée par le Roi ; il ne peut plus la reprendre, car nous l'avons acceptée, tacitement au moins,

(28)

c'est-à-dire par cela seul que nous avons compté
là-dessus, que nous avons fait nos affaires en
conséquence, en un mot, que nous avons cru
pouvoir dormir tranquilles sur ce point. Ainsi,
nous devons tous considérer la charte comme
nous appartenant, et comme obligeant le gouvernement à faire tout ce qu'elle promet. Ceux qui
prétendent le contraire, s'ils ne pèchent point
par ignorance, sont, comme je l'ai dit plus haut,
les plus grands ennemis de la nation et du Roi
lui-même, puisqu'ils tendent à jeter de la dé-
fiance entr'eux, et mettent en danger la stabilité
du trône; car, comme l'a dit le Roi lui-même,
cette année, dans son discours à la grande assemblée de Paris, un roi n'est rien sans l'a-
mour de son peuple.

LE GRENADIER.

Je ne sais comment vous faites, M. le Curé,
mais vous me faites toucher tout cela au doigt et
à l'œil. J'ai bien souvent entendu parler politique à d'autres qu'à vous; mais il me semblait toujours que j'avais quelque chose à redire; ou, le
plus souvent, je n'avais rien compris à tout ce
qu'ils disaient. Mais à présent n'aurez-vous pas la
bonté de m'expliquer les autres mots que je vous
ai dits?

LE CURÉ.

Je te l'ai promis, et je tiendrai ma parole;
Mais tu ne sais pas que ces deux mots seuls, de
liberté et d'*égalité,* exigent presque autant de
temps, pour être expliqués, que tout ce que je
t'ai dit jusqu'à présent, sur-tout si je te fais voir
non-seulement ce qu'ils signifient, mais encore
quels sont les moyens de nous assurer la jouissance de ces droits. D'ailleurs, je t'ai bien dit en
gros ce que c'est que la charte ; mais puisque tu
as si bonne volonté, je veux t'apprendre encore
ses conditions principales. Alors seulement tu en
auras une idée suffisante et juste. Il vaut donc
mieux remettre la suite à un autre jour.

LE GRENADIER.

C'est entendu, M. le Curé. Mais d'ici à dimanche je vais furieusement penser à la leçon
d'aujourd'hui.

TROISIÈME DIALOGUE.

LE CURÉ.

Tu as bien fait de venir après vêpres, mon cher ami, car nous n'aurions pas été assez libres ce matin. Ce que je vais t'expliquer dans ce moment est la base de toute la politique, ainsi prête-moi la plus grande attention.

LE GRENADIER.

Je suis tout oreilles, M. le Curé.

LE CURÉ.

Dès la première page de la charte, il est dit : *Tous les Français sont égaux devant la loi ;* ensuite il est ajouté que leur *liberté individuelle* est garantie, ainsi que *toutes les espèces de propriétés ;* et c'est bien par là qu'il fallait commencer; car sans l'égalité devant la loi, sans la liberté et le respect pour la propriété, il n'y a point de justice, et par conséquent point de paix ni de bonheur parmi les hommes. Tu vas facilement le compendre.

D'abord, quant à l'égalité devant la loi, M. le maire a plus de pouvoir que toi, puisqu'il est maire ; il est plus riche que toi, et de plus, il a le titre de marquis. Mais, d'un autre côté, tu es plus robuste et plus fort que lui, et tu sais mieux manier le sabre. Si cependant M. le maire pouvait impunément te faire mettre en prison parce qu'il est maire ; s'il pouvait usurper ton petit morceau de terre parce que déjà il est plus riche ; s'il pouvait primer par-tout et ne pas payer les impositions parce qu'il est marquis, et si, d'un autre côté, tu pouvais impunément battre M. le marquis, et même le tuer, parce que tu es plus fort que lui, tu dois sentir que cela ne pourrait durer bien long-temps, car il n'y aurait aucune justice de côté ni d'autre. Vous seriez toujours en guerre, jusqu'à ce que l'un des deux fût enchaîné. Il faudrait même à la fin que l'un écrasât l'autre, car un homme enchaîné peut briser ses fers, et alors sa vengeance est terrible. Eh bien ! c'est pour éviter ces injustices et les malheurs qui en sont la suite, que l'on a décidé que tous *les hommes sont égaux devant la loi*, c'est-à-dire qu'elle les protège tous également, le pauvre comme le riche, le simple citoyen comme le premier fonctiónnaire, le paysan comme le marquis, le faible comme le fort. Elle arrête les entreprises de tous ceux qui veulent faire un tort quelconque à leurs semblables.

LE GRENADIER.

J'entends bien cela ; et je sens que c'est bien juste ; car l'autre jour, j'ai moi-même empêché de battre le fils de M. le marquis, que le grand Nicolas voulait rosser d'importance. Il est vrai que j'ai su depuis que ce pauvre Nicolas avait été bien vexé par le marquis lui-même et par son fils, parce qu'il ne leur avait pas levé le chapeau aussi vite qu'ils l'auraient voulu ; et je conviens qu'une autre fois je le laisserai faire, si ces messieurs pouvaient encore le vexer impunément. Mais, laissons cela. N'y a-t-il pas encore une autre égalité, dont j'ai entendu parler au cabaret ? On disait que c'était bien autre chose que ça, et qu'il fallait que tous les biens fussent partagés également.

LE CURÉ.

Mon ami, rien n'est plus faux et plus dangereux que cette dernière manière de penser sur l'égalité. Voilà comme on a abusé du principe le plus respectable, pour égarer tant de braves gens et faire commettre tant d'excès. Je suis même certain que plusieurs de ceux qui ne voulaient pas de la véritable égalité, de celle devant la loi, ont cherché à en faire demander une autre aussi

absurde, afin de nous détourner de celle qui
est raisonnable. C'était bien perfide et bien
affreux de leur part, puisque ensuite ils ont im-
puté tous les malheurs et tous les crimes commis au nom de cette fausse égalité, aux partisans de la véritable, qui, sans doute, en étaient
bien innocens. Heureusement, une telle erreur
n'a pu durer long-temps, et elle n'a pas même été
soutenue directement par les plus grands forcenés.
Qui ne voit pas, en effet, qu'une telle égalité ne
pourrait durer cinq minutes, et de plus, qu'elle
serait souverainement injuste ? Par exemple, si
tu manges moins que moi; si tu es moins grand
et qu'il te faille ainsi moins de drap pour l'habil-
ler, tu auras plus de reste sur la portion qu'on
t'aura donnée, et tu seras de suite plus riche que
moi. Il en sera de même de tout; par exemple,
si tu ne prends pas de tabac et que j'en prenne,
si tu es toujours en santé et que je sois souvent
malade; mais en outre, si tu travailles bien, si
tu es économe, et si ton voisin est, au contraire,
un paresseux et un dépensier, n'est-il pas juste
que tu aies plus d'aisance que lui ? Et ne serait-
il pas cruel qu'il pût, sans rien faire, s'approprier
le fruit de tes sueurs et de ton économie ? Tu
vois donc que l'égalité n'est possible, qu'elle
n'est juste que lorsqu'il s'agit d'une égalité de

protection par la loi, c'est-à-dire, quand les autorités protègent également les petites et les grandes propriétés, le sou du pauvre et l'écu du riche, les simples paysans comme les marquis, et les simples particuliers comme les gens en place.

LE GRENADIER.

Je ne puis me lasser de vous entendre, M. le Curé, tant vous parlez comme un brave et digne homme. Cependant, ces distinctions de marquis, de comtes, de barons, que ces messieurs n'ont pas gagnées comme j'ai gagné, moi, la croix d'honneur, ces distinctions ne dérangent-elles pas cette bonne égalité que vous entendez vous même ?

LE CURÉ.

Ta question est trop naturelle, et je suis trop véridique pour te cacher ma façon de penser à cet égard. Je crois qu'il eût mieux valu que la charte ne parlât pas du tout de cela, afin d'ôter tout prétexte à des prétentions injustes ; car il est bien difficile que celui à qui l'on accorde des rangs et des honneurs sans les avoir mérités, ne finisse par vouloir passer partout le premier, et ne veuille avoir des avantages plus réels ; mais, comme il n'y a rien de parfait dans le monde ;

comme, au surplus, la charte est bien claire sur l'égalité des avantages de la société devant la loi, il faut bien passer sur le reste; et il faut croire qu'elle n'a pas pu entendre que jamais personne puisse avoir dans la réalité, plus de droits qu'un autre, sans les avoir mérités; car, la charte né peut vouloir que la justice et la bonne foi. Peut-être aussi, est-ce une inadvertance qui s'est glissée dans sa rédaction un peu précipitée. Quoiqu'il en soit, on n'en doit pas moins obéissance à la charte; car il vaut mieux une loi qui ne serait point parfaite, que de n'en reconnaître aucune. Mais cela n'empêché pas qu'on ne doive faire des vœux pour qu'elle s'améliore peu à peu.

LE GRENADIER.

Eh bien, je me joins à vous bien volontiers pour faire ces vœux là. Mais, puisque vous avez été cette fois de mon avis, ça m'encourage à vous dire ce que je pense sur la liberté et sur la propriété. Il me semble que malgré ce que dit la charte, nous ne sommes pas très-libres ni bien sûrs de ce que nous possédons; car on fait de nous à-peu-près tout ce qu'on veut, et souvent très-injustement. Par exemple, l'adjoint du village n'a-t-il pas dernièrement fait arrêter, au milieu de la nuit, ce pauvre M. Laurent qui n'avait

fait de mal à personne, et cela sans aucune précaution, quoiqu'il sût bien que madame Laurent
était dans son lit malade presqu'à la mort? l'autre
jour encore, le brigadier de la gendarmerie n'a-
t-il pas donné un coup de sabre à ce pauvre
François, qui se sauvait à toutes jambes, parce
qu'il craignait tout simplement qu'on ne l'eût pris
pour un autre, et qu'on ne le mît en prison, ce
qui est toujours fort désagréable? Et notre préfet,
comme je l'ai entendu dire à mon voisin Thomas, qui ne ment jamais, n'a-t-il pas fait contri-
buer pour des choses qui n'étaient pas dues, et
pour lesquelles il n'avait point eu de permission
de ces messieurs de Paris? enfin, n'ai-je pas lu
dernièrement, dans un petit livre bleu, qu'il y a
une grande ville de France où le maire a empêché de pauvres petits décrotteurs de faire paisi-
blement leur métier, parce qu'ils n'étaient pas
catholiques, ou parce qu'ils ne s'étaient pas con-
fessés assez souvent? Est-ce qu'il y a dans tout
cela du respect pour la liberté et la propriété?

LE CURÉ.

Je vois avec plaisir que tu commences à bien
saisir les choses. Tu as bien compris qu'on ne
porte vraiment atteinte à notre liberté que lors-

que c'est avec injustice, et qu'en conséquence, notre liberté *politique* ne peut consister qu'à faire tout ce qui n'est pas injuste, c'est-à-dire, tout ce qui ne fait pas tort à autrui. Mais les exemples que tu viens de me rappeler sont malheureusement trop bien choisis pour prouver que, malgré la charte qui garantit tous nos droits, ces droits sont tous les jours impunément violés. Il n'est que trop vrai qu'il n'y a peut-être pas une commune en France, où chaque jour il n'arrive quelque fait de cette nature. Notre gouvernement a beaucoup plus à se reprocher sous le rapport de la liberté et de la propriété, que sous celui de l'égalité des classes de citoyens ; car, sur ce point là, l'on doit convenir qu'il commence à se conduire assez bien ; mais ce qui doit suspendre notre reconnaissance, c'est qu'il semble qu'on ne nous ait présenté l'égalité, cet appât si cher au peuple, que pour nous priver plus facilement de nos autres droits. Nous devrions cependant ne pas nous laisser prendre à ce piège, et nous devrions penser d'ailleurs, que l'égalité elle-même n'est qu'un vain nom sans la liberté ; car celui qui ne peut se défendre contre l'injustice d'un homme en place, n'est sûrement pas son égal devant la loi.

LE GRENADIER.

Que faut-il donc faire pour forcer ceux qui font aller le gouvernement, et sur-tout nos maires et nos gendarmes, à ne plus nous vexer? faut-il se révolter contr'eux ?

LE CURÉ.

Non certainement, car le remède serait pire que le mal. C'est sur-tout le pauvre qui souffre le premier de ces révolutions violentes, puisque alors les affaires vont mal, les riches cachent leur argent, et ne font plus travailler les ouvriers, en sorte que ceux-ci finissent par mourir de faim. D'ailleurs, les révoltes amènent toujours des vengeances et des injustices de toute espèce, ce qui finit par faire regretter le gouvernement qu'on a détruit, quelque mauvais qu'il fût, parce qu'on n'est frappé que du mal présent, et qu'on ne se rappelle que le bonheur passé. Demande à ton père et à ton brave voisin Thomas ce qui est arrivé dans la révolution et depuis. C'est le pauvre peuple qui s'est fatigué le premier et qui s'est d'abord dégoûté, parce que les souffrances présentes lui faisaient oublier celles de l'ancien régime; mais il faut bien se garder aussi de tomber dans un autre extrême, et de courber trop servilement la tête sous la tyrannie des gens en place ; Il ne faut jamais laisser échapper une occasion de se plaindre, de révéler leurs excès ; il faudrait pouvoir les publier à la face de l'Univers, et leurs auteurs finiraient par céder à l'opinion générale, qui ne peut, à la longue, être que celle de l'ordre et de la justice ; il faut surtout repousser avec horreur l'idée de se prêter soi-même aux crimes de l'autorité ; il faudrait que les gens de bien lui opposassent toujours la résistance de l'inaction, de sorte qu'aucun oppresseur ou tyran ne pût trouver de complice de ses crimes. Chacun devrait répondre, en pareil cas, ce que répondit un digne commandant d'une province de France, au roi Charles IX, qui lui avait donné l'ordre de faire égorger tous les protestans dans une nuit : « *Sire, j'ai trouvé ici des mil-* » *liers de braves sujets ; mais pas un seul* » *bourreau !...* »

LE GRENADIÉR.

Mais j'ai ouï dire aussi qu'il y a un grand remède à tous ces abus, et que c'est ce qu'on appelle *la liberté de la presse.* Qu'en pensez-vous, M. le Curé ?

LE CURÉ.

Ce qu'on en dit est vrai, et je crois que sans cette liberté, il n'en peut exister aucune autre. La liberté de la presse consiste à pouvoir faire imprimer et *répandre dans le public* tout ce qu'on pense, sauf à répondre *ensuite* du tort qu'on aurait fait aux particuliers ou au gouvernement. Cette liberté est un remède contre les abus de pouvoirs, parce qu'avec les écrits on fait savoir à tout le monde le tort qu'on a éprouvé, ce qui retient les gens en place, et parce que c'est le moyen d'éclairer le gouvernement sur les fautes ou les excès de ses agens. Par exemple, si ton maire te faisait arrêter injustement, si ton juge de paix ne voulait pas te rendre justice, et si tu ne pouvais te plaindre que de vive voix, l'on t'enleverait bien vite le moyen de te servir de cette faible ressource, car on t'empêcherait de parler en te faisant encore emprisonner, ou en te menaçant d'un plus grand tort. Mais si tu fais imprimer ta plainte, et qu'il en circule des exemplaires dans tout le canton, dans tout le département, et même à Paris et chez l'étranger, alors cette grande publicité en imposera à ton maire et à ton juge de paix, et ils y regarderont à deux fois pour recommencer. En outre, sans que tu penses toi-même à faire imprimer ta plainte, il se trouvera peut-être quelqu'un plus riche, plus instruit, plus hardi que toi, qui apprendra l'injustice qu'on t'aura faite, et qui, sans même te connaître, fera imprimer ta plainte à ses frais, et d'une manière encore plus éloquente que toi, de sorte que les ministres du Roi ou d'autres grands fonctionnaires, voyant qu'on élève ainsi la voix en faveur d'un malheureux inconnu, prendront le parti de réprimander les persécuteurs ou même de leur ôter leur place. Tu vois qu'ainsi tu obtiendras justice, et que le gouvernement lui-même devra à la liberté de la presse d'être mieux instruit sur la conduite de ses agens, ce qui le fera aimer et respecter toujours davantage, car la justice est la seule base du respect et de l'amour des particuliers envers le gouvernement.

LE GRENADIER.

M. le maire disait pourtant, ces jours derniers, que cette liberté était très-dangereuse; que c'était elle qui avait amené les malheurs de la révolution, et que nous retomberions bientôt dans cet état si on lâchait la bride aux écrivains qui prêchent contre les abus du gouvernement.

LE CURÉ.

Je suppose que tu aies une fort mauvaise conduite, que tu t'enivres tous les jours, que tu battes tes voisins, que tu fasses des dettes continuelles sans savoir comment y satisfaire ; suppose ensuite que je vienne te dire que cela n'est pas bien, que tu tomberas malade, que tu te mettras tout le monde à dos, et que tes créanciers finiront par perdre patience ; mais supposons encore que tu ne veuilles pas m'écouter, et que tu me maltraites même pour t'avoir donné ces avis, et qu'ensuite, las de tes violences et de ta mauvaise foi, tes voisins et tes créanciers se lèvent tous à la fois pour te poursuivre et même te dépouiller, est-ce à moi qu'il faudra s'en prendre, ou bien à ton aveuglement et à ton opiniâtreté dans le mal? Eh bien! c'est la même chose en politique. S'il est arrivé bien des maux aux partisans de l'ancien régime dans notre révolution, ce n'est point aux écrivains qui dénoncèrent ces abus qu'il faut s'en prendre, mais aux aveugles ou aux mal-intentionnés qui ne voulurent pas profiter de ces avis salutaires. Et d'ailleurs les peuples savent bien se révolter d'eux-mêmes, quand le fardeau est trop lourd, et ils se révoltent d'autant plus vite et avec plus de violence, qu'ils n'ont pas eu la consolation de pouvoir se plaindre. A Constantinople, c'est-à-dire chez le grand-turc, et à Alger, dont tu as entendu lire tant de choses dans les dernières gazettes, on n'imprime rien ; la liberté de la presse y est nulle, et cependant, tous les jours, le peuple ou les soldats se révoltent, et coupent sans façon la gorge à leurs souverains ou aux autres gens en place. La liberté de la presse, bien loin de pousser les peuples à la révolte, est donc un moyen de retarder, et souvent d'empêcher tout-à-fait les révolutions.

LE GRENADIER.

Je comprends bien cela ; car lorsqu'on peut faire entendre ses plaintes à beaucoup de monde, cela soulage le cœur, cela donne de l'espoir, et cela fait qu'on n'est pas si disposé à se venger. Je l'ai éprouvé moi-même une fois que mon capitaine m'avait frappé d'un coup de canne. Je contai mon affaire à qui voulut m'entendre ; mon sergent, qui savait bien écrire, fit des lettres pour le colonel, pour le général même, et tout en lui voyant écrire mes plaintes, la colère me passa, et je finis par ne plus rien dire du tout. Sans cela, je crois que je ne lui aurais jamais pardonné, et qu'à la première affaire je lui aurais tiré une balle dans le ventre.

LE CURÉ.

Je vois que tu saisis toujours de mieux en mieux

mes explications. Ton intelligence se développe, et cela m'encourage. Je te dirai donc que tout le monde convient en principe qu'il faut avoir la liberté de la presse ; mais ses ennemis font tout leur possible pour en éluder la jouissance. Les uns disent qu'il faut que les gens en place examinent d'avance les écrits avant qu'on les imprime, afin de *prévenir* le mal plutôt que d'avoir à le punir. Mais c'est comme si l'on te disait que tu ne dois pas parler avant d'avoir la permission de ton maire ou du préfet, parce que tu peux dire du mal de quelqu'un ou prêcher la révolte , et qu'il vaut mieux *prévenir* ce mal que le punir ; d'autres, plus adroits, veulent avoir l'air de permettre l'impression sans être autorisé d'avance ; mais ils exigent qu'avant de distribuer les écrits dans le public, on ait la permission de la police ; de sorte que l'auteur, outre les vexa- tions qu'il peut éprouver, en est pour ses frais , puisqu'il ne saurait être dédommagé par la police lorsqu'elle perd son procès à cet égard. Tu vois que, sous un certain rapport, c'est encore pire que dans le premier cas.

LE GRENADIER.

Ma foi, c'est trop de gêne qu'une liberté

homme çà. Mais est-ce donc que la charte l'entend ainsi ?

LE CURÉ.

Non, assurément ; mais les ministres et les autres fonctionnaires, qui voulaient continuer leur système sans qu'on pût rien leur dire, ont persuadé à nos députés, à Paris, qu'il fallait donner à la charte un sens aussi peu raisonnable, et l'on a fait des lois qui lui sont tout-à-fait contraires.

LE GRENADIER.

Mais doit-on obéir à des lois contraires à la charte ?

LE CURÉ.

Tu touches-là une matière bien délicate, sur laquelle je te dirai pourtant ce que je pense ; mais nous renverrons cette question à un autre jour, lorsque je te parlerai du pouvoir de ceux qui font nos lois, car ce pouvoir fait aussi partie de la charte. Ta question me rappelle toutefois une observation majeure. En supposant, ce que nous examinerons plus tard, qu'on doive obéir même aux lois contraires à la charte, dès l'instant qu'elles ont le caractère de *loi*, c'est-à-dire lorsqu'elles ont été faites par ceux qui en ont le droit, il reste toujours certain qu'on ne doit *au-*

cune obéissance aux actes des diverses autorités non investies du pouvoir législatif, *qui ne dérivent pas d'une loi* ou qui y sont contraires. Cette distinction est de la plus haute importance; car, sans elle, tout rentre dans le chaos anarchique des fonctionnaires subalternes. Les ministres, sous le nom justement respecté d'*ordonnance royale*, commanderont les actes les plus illégaux. Ils en viendront même à ne pas croire une telle précaution nécessaire, et par le moyen de simples *lettres ministérielles*, qui souvent ne sont que l'ouvrage d'un simple commis, ils porteront des atteintes fondamentales aux lois et à nos droits les plus sacrés. Enfin, il n'est pas de préfet ou de sous-préfet, pas de maire de village, qui ne puisse, à l'aide d'un *arrêté*, s'ériger en législateur, c'est-à-dire en tyran de ses concitoyens. S'il est salutaire que les hommes éprouvent un sentiment de respect au seul mot de loi, malheur au peuple qui se prosterne indistinctement devant tout acte d'une autorité quelconque! C'est imiter les païens, qui désertent le culte de la Divinité pour embrasser celui des idoles. Un tel peuple est encore bien loin de la liberté, et ceux qui ont pris la noble tâche de le régénérer doivent sans cesse lui rappeler l'indispensable distinction que je viens d'établir.

LE GRENADIER.

Ah ! M. le Curé , je reste interdit. Vous m'apprenez des choses..... Combien nous sommes loin de ces idées, nous autres'! Nous prenons pour des *lois* tout ce que font nos gens en place, et c'est ce qui fait peut-être que, le plus souvent, nous n'avons aucun respect pour les lois véritables. Il y en a même que nous avons un malin plaisir à violer.

LE CURÉ.

Tu as parfaitement raison, mon ami. Tout abus de la chose la plus respectable finit par faire dédaigner la chose même, et c'est ainsi que la superstition nuit tant à la religion véritable. Tu vois donc qu'il est utile, non-seulement aux citoyens, mais au gouvernement lui-même, qu'on n'obéisse qu'à la *loi*, de même qu'il est utile à la religion de faire abandonner les pratiques superstitieuses.

LE GRENADIER.

Je comprends très-bien cela.

LE CURÉ.

Je me suis un peu détourné de notre premier objet; mais je n'ai pu résister au désir de te faire une observation, qui, je te le répète, est de la

plus haute importance. Cependant aujourd'hui je
veux encore te parler de deux points principaux,
qui sont la liberté de conscience, que la charte
veut tout entière, et le droit de n'être arraché
à nos familles pour aller à la guerre, que dans les
cas de défense de la patrie. Tu dois sentir que ces
droits sont inséparables de la véritable liberté
individuelle.

LE GRENADIER.

Je ne me lasserai jamais de vous entendre.

LE CURÉ.

Quant à la liberté de conscience, il n'appartient qu'à Dieu seul de juger nos cœurs, et la
société ne demande compte aux hommes que de
leurs actions. Tout homme soumis aux lois doit
être irréprochable aux yeux du gouvernement,
et personne ne doit pouvoir le troubler, sous
quelque prétexte que ce soit. Pour nous, qui
avons le bonheur d'avoir une croyance plus pure,
nous devons plaindre nos frères qui n'ont pas le
même bonheur, et nous ne devons employer
que la persuasion et le bon exemple pour les
faire entrer dans le sein de notre religion.

LE GRENADIER.

Voilà bien la vraie charité! et je suis bien sûr,

M. le Curé, qu'avec votre manière si douce, vous gagneriez plus de monde à la religion, que par la force et les menaces. On m'a pourtant dit que notre religion catholique, apostolique et romaine était toujours un peu favorisée par la charte, ce qui ne me semblerait pas bien juste d'après ce que vous venez de dire vous-même.

LE CURÉ.

On pourrait d'abord le croire d'après un article de la charte, qui dit : « La religion catholi- » que, apostolique et romaine, est la religion » de l'état. » Il semblerait, d'après cela, qu'il y a une préférence quelconque pour les personnes de notre religion ; mais, plus j'examine le reste de la charte, et moins je vois en réalité les traces de cette préférence. Pourrait-on prétendre que d'après cet article, les membres de la famille royale, et même les autres gens en place, dussent être catholiques ? Mais un tel sens est évidemment contraire à l'esprit et à tout l'ensemble de la charte. Pourrait-elle vouloir leur faire une violence aussi grande et les mettre dans l'alternative de renoncer à de tels avantages ou de se parjurer par ambition ? Cela n'est pas possible. Je conviens donc que je ne puis bien concevoir le sens d'une telle disposition, et je crois qu'il faut la ranger parmi celles qui nous rappellent que rien n'est parfait sur la terre. C'est sans doute encore une inadvertance qui s'est glissée dans la charte, comme je te l'ai déjà dit au sujet de l'article qui redonne aux nobles leurs titres et leurs rangs; car, je le répéterai cent fois, la charte ne peut avoir d'autre but que la justice et la bonne foi.

LE GRENADIER.

J'entends cela parfaitement.

LE CURÉ.

Je n'ai plus à te parler aujourd'hui que du droit qu'ont tous les citoyens de ne pouvoir être appelés à la guerre que dans le cas de défense de la patrie, et sans trop gêner leur liberté individuelle.

LE GRENADIER.

Oh! pour cela, M. le Curé, il me semble que c'est bien difficile; car, c'est le plus souvent pour aller conquérir des pays étrangers qu'on fait partir de pauvres jeunes gens qui, très-certainement, ne vont à l'armée que malgré eux; et vous savez que lorsqu'on les tient, il leur est bien difficile de s'en sortir.

LE CURÉ.

Tu parles de ce qui a eu lieu le plus souvent

(51)

jusqu'à ce jour, sous tous les gouvernemens. Mais l'esprit de la charte n'est plus cela, et l'on ne peut, ce me semble, lui donner un sens raisonnable, lorsqu'elle a dit que *la conscription est abolie*, sinon qu'on ne pourra plus faire partir les jeunes gens que pour la défense de la patrie. On ne peut imaginer, par exemple, qu'elle ait voulu dire que la patrie n'a pas le droit d'appeler tous ses enfans à sa défense, car nous n'aurions pas voulu de cette liberté-là. Elle n'a pu vouloir que proscrire les abus de cette manière d'enrôler les hommes, et sur-tout, l'usage qu'on a fait si souvent des armées pour aller ravager le territoire de ses voisins, ou pour opprimer la liberté des citoyens à l'intérieur, en faisant trembler tous ceux qui voulaient élever la voix contre les abus des gouvernemens. Je pense donc que le vrai sens de la charte, à cet égard, est d'établir dorénavant un système militaire tout-à-fait différent de celui qui existe maintenant.

LE GRENADIER.

Est-ce qu'il peut y avoir des soldats d'une autre manière que ceux qui existent aujoud'hui?

LE CURÉ.

Très-certainement. N'as-tu pas entendu parler de la Suisse et des Etats-Unis de l'Amérique ?

LE GRENADIER.

Parbleu ! oui, M. le Curé ; j'ai fait plus que d'en entendre parler, car j'ai fait deux campagnes en Suisse, et j'ai été embarqué tout près de l'Amérique dont vous parlez.

LE CURÉ.

Eh bien ! dans ces deux pays , sauf quelques petites différences, on est convenu que tout citoyen est soldat, et qu'il n'y a point de profession *séparée* pour l'état militaire. Tout homme y est enrôlé dès qu'il est en état de porter les armes. Alors on l'exerce de temps en temps, sans trop le déranger de son travail ; et dès que la patrie est attaquée, l'on a toute la nation sous les armes pour sa défense. Ainsi l'on a une armée bien plus considérable, toujours prête, qui ne coûte presque rien, qui n'enlève pas une portion considérable de citoyens à leur famille, à leurs occupations utiles. Mais ce qu'il y a sur-tout d'inappréciable dans cette institution, c'est que ces soldats ne perdent pas l'esprit de citoyen , c'est-à-dire qu'ils ne s'accoutument pas à regarder les camps comme leur seule patrie, et leur général comme leur maître absolu. Ils ne sont point disposés, au premier signal qu'il leur donne, à venir, au besoin, piller ou massacrer leur propres concitoyens comme ils feraient à des ennemis.

LE GRENADIER.

Je vois M. le Curé, que vous connaissez bien l'esprit des soldats quand ils sont une fois enrégimentés, et bien façonnés à leur métier. Il n'est que trop vrai qu'on leur fait faire tout le mal qu'on veut, même sans qu'ils soient méchans. Ils sont obligés d'obéir aveuglément, et ils finissent par ne voir rien de bien que ce que leur commandent leurs chefs. Mais, d'un autre côté, ces soldats qui ne s'exercent que de temps en temps, peuvent-ils aussi bien se battre que les autres?

LE CURÉ.

Un grand général a dit : « On ne gagne point » les batailles en chargeant les armes en douze » temps. » Au commencement de notre révolution, ce furent des volontaires ou des réquisitionnaires, sachant à peine tenir leur fusil et n'ayant pas de souliers, qui écrasèrent les régimens les mieux exercés du monde. Plus tard, en 1813, les *cohortes,* dont quelques-unes n'avaient que six semaines d'exercice, ont aidé à remporter les victoires de Bautzen et de Lutzen. Il faut bien savoir un peu les manœuvres pour conserver ses rangs et pour se battre avec plus d'ordre ; mais des soldats citoyens, qui seraient exercés tous les dimanches, depuis l'âge de seize ans, en sauraient bien davantage que nos volontaires ou requisitionnaires de la révolution, et que nos cohortes de 1813. Un tel système éloignerait d'ailleurs tout danger de la part des états voisins; car on n'aurait plus de prétexte contre une nation dont l'organisation militaire serait tout pour la défense et rien pour l'attaque. Enfin, la nation, certaine de n'être jamais opprimée par ses propres soldats, prendrait bien plus d'attachement pour une patrie aussi protectrice, et avec l'amour sacré de la patrie, la France serait à jamais invincible !...

LE GRENADIER.

Je vois bien à présent qu'on n'avait pas pris le bon parti avec nous, malgré la bonté de nos régimens. Il y avait en effet quelque chose de faux là-dedans, et c'est sans doute ce qui a fait que nous avons fini par être vaincus et assaillis jusque chez nous par les étrangers. Mais, dites-moi, M. le Curé, est-ce que cette nouvelle loi de recrutement, dont tout le monde parle, n'entre pas mieux dans les vues de la charte que celles d'auparavant?

LE CURÉ.

Il faut convenir qu'elle a quelques bonnes dispositions; mais je te dirai qu'elle repose toujours sur un *mauvais système*; car tu vois qu'elle est tout entière fondée sur celui que je viens de combattre, et qui fait de l'état militaire une profession *séparée*. Or, c'est là le vice radical de ce système. On pourrait peut-être s'y rattacher pour le génie, l'artillerie et la cavalerie, qui exigent beaucoup d'instruction et de pratique; mais cela ne doit être qu'une exception, dont on ne doit user qu'avec beaucoup de réserve. Quelques braves députés ont bien tâché de mettre en avant ces principes, mais ils ont entièrement prêché dans le désert. N'importe, il est toujours bon de faire entendre de ces vérités-là; elles fructifient tôt ou tard. On se soumet en attendant, parce qu'il faut toujours respecter la loi, même imparfaite; mais un temps vient à la fin où l'on établit les véritables bons principes.

LE GRENADIER.

Combien je suis heureux de vous écouter, mon brave M. le Curé! Toutes mes idées chan-

gent sur toutes ces choses-là , et cependant je ne
suis pas tourmenté de ce changement. Il me semble au contraire que j'en deviens plus léger.
Qu'allez-vous me dire encore, M. le Curé?

LE CURÉ.

Mon ami, notre entretien s'est trop prolongé;
c'est assez pour aujourd'hui. Dimanche prochain,
je t'expliquerai ce qui concerne la forme de
notre gouvernement. Je te dirai ce qui est le
plus essentiel sur le Roi, ses ministres, sur l'administration de la justice, et sur les autres administrations publiques; car tout cela n'est institué,
en dernier résultat, que pour assurer les droits
des citoyens et pour régler leurs devoirs.

QUATRIÈME DIALOGUE.

LE CURÉ.

La *personne du Roi est déclarée inviolable;* c'est ainsi que commence l'article de la charte qui parle du Roi. Il est peut-être difficile de saisir au premier abord le motif de cette disposition; car peut-on se dire, si le Roi mettait lui-même la patrie en danger, en violant les lois ou en s'abstenant de les faire exécuter, ne serait-il pas de toute justice de le rendre responsable du mal qu'il aurait fait ou de celui qu'il n'aurait pas empêché? Un tel raisonnement ferait sans doute impression tant qu'on ne serait pas remonté à la raison qui a fait établir cette inviolabilité, raison qui sur-tout est dans l'intérêt du peuple, auquel elle paraît d'abord si contraire. Cela te paraît singulier; écoute-moi bien. Voici comme on a raisonné : Un roi ne peut pas tout faire par lui-même; il lui faut des ministres, des juges, des receveurs et une foule d'autres agens. Mais s'il devait répondre de tant de personnes, il faudrait nécessairement l'appeler en justice à chaque instant, de sorte qu'à chaque instant l'on serait en doute si l'on aurait un chef du gouvernement ou non. Cependant l'on n'a été conduit à l'idée d'un roi héréditaire, c'est-à-dire un roi auquel son fils ou son plus proche parent succède pour gouverner, comme nous succédons quelquefois dans la profession de nos parens, on n'a été conduit à cette idée que pour éviter les secousses qui ont presque toujours lieu lorsqu'il s'agit de nommer un aussi grand personnage ; car tu te rappelles qu'il y a quelquefois du bruit dans le village lorsqu'il s'agit de nommer un simple juge de paix. Or, si l'on pouvait accuser un roi à chaque instant, cette hérédité de la couronne serait illusoire, car à chaque moment on serait en danger de voir tout bouleverser. Les ambitieux n'attendraient peut-être pas même que le Roi fût condamné pour le culbuter du trône ; et comme un homme qui a été mis en jugement est toujours plus ou moins discrédité dans l'opinion publique, un tel roi, quoique absous, ne pourrait guère inspirer do respect. Et qui souffrirait de toutes ces secousses de l'état ? Ce serait sur-tout le peuple, car il pâtit toujours des querelles des grands. C'est donc dans l'intérêt du peuple qu'on a imaginé de rendre la personne du Roi *inviolable*, c'est-à-dire *inattaquable*, sauf à poursuivre ses ministres et autres agens, comme je te l'expliquerai tout-à-l'heure; car il faut bien que justice s'obtienne contre quelqu'un.

Tu vois donc que ce principe de l'inviolabilité du Roi nous est vraiment salutaire; qu'il est la base de la monarchie *héréditaire*, c'est-à-dire de tout gouvernement où il est convenu, comme je te l'ai déjà dit, que le fils ou le plus proche parent succède à la couronne. Je n'ai jamais douté de ce principe dans sa partie essentielle, qui consiste en ce que le Roi ne puisse jamais être mis en accusation. Mais comme il n'y a pas long-temps qu'on raisonne en France sur ces matières, et qu'il est difficile à un homme qui vit isolé et loin de la capitale, de suivre toujours la bonne marche des idées dans tous les détails de la politique, je m'étais fait une opinion qui pouvait *indirectement* porter atteinte à cette inviolabilité; et comme je reconnais que c'est une erreur, depuis que mes amis de Paris m'ont mieux instruit là-dessus, je veux te faire part de tout cela, afin que tu te préserves de la même erreur.

LE GRENADIER.

Je vous écoute avec attention.

LE CURÉ.

Je le répète, je n'ai jamais douté que dans une monarchie héréditaire, le roi ne dût être inviolable, dans ce sens qu'on ne pût jamais le poursuivre en justice pour les actes de son gouvernement ; mais j'avais imaginé qu'il pouvait être utile quelquefois d'invoquer son nom pour ramener plus efficacement ses ministres aux véritables principes d'administration ; j'avais été surtout conduit à cette pensée par l'exemple de ces ministres et des autres agens de l'autorité, qui, chaque jour, ne craignent point de mettre en scène la personne du Roi, tantôt pour lui donner des éloges indiscrets, tantôt pour justifier les lois et les mesures d'exécution les plus oppressives. Je me disais alors : pourquoi la partie ne serait-elle pas égale ? Puisqu'on abuse à chaque instant du nom du monarque pour opprimer le peuple, ne pourrait on donc, pour sa défense, invoquer ce même nom ?.. C'est ainsi que je m'étais séduit moi-même par des raisonnemens qui tenaient plus du sentiment que d'une juste observation ; mais je suis maintenant tout-à-fait persuadé que c'est une mauvaise marche, autant d'un côté que de l'autre, et qu'il faut absolument laisser de côté le nom du Roi, lorsqu'il s'agit d'appuyer ou de critiquer les actes de son gouvernement ; car si ces actes sont nuisibles, ses propres agens discréditent la personne du Roi, en se servant de son nom pour les appuyer, tandis que ceux qui voudraient les critiquer, se mettent dans un état de gêne, qu'ils n'éprouveraient point en attaquant seulement les agens secondaires de l'autorité ; je voudrais donc qu'on fît une loi portant des peines très-sévères contre toute personne qui prononcerait le nom du Roi, soit en bien soit en mal, *à l'occasion du mérite de son gouvernement,* et que ces peines fussent encore plus sévères contre les ministres et autres agens du pouvoir, car en abusant sans cesse de ce nom respectable, ils tendent à interdire aux citoyens de légitimes réclamations, et par suite, à rendre odieuse la personne même du monarque.

LE GRENADIER.

Oui, M. le curé, je crois comme vous, qu'une telle loi serait très-sage, car toutes les fois qu'on nous vexe injustement, on s'empresse de mettre en avant que le Roi le veut ainsi, ce qui nous donne à penser des choses fort singulières, car il nous semblerait, au contraire, que le Roi ne doit être là que pour faire du bien. Mais, dites-moi, n'y a-t-il pas moyen de faire rentrer les ministres et les autres gens en place dans leur devoir ? n'y a-t-il donc aucun recours lorsqu'on a à s'en plaindre ?

LE CURÉ.

C'est ici le lieu de t'expliquer une autre dispo-sition de la charte, qui vient de suite après celle de *l'inviolabilité* du Roi, et qui lui est si indis-pensable, qu'on ne conçoit pas que la première puisse exister sans la seconde ; je veux parler de ce qu'on appelle la *responsabilité des ministres*. Ce n'est même qu'après cela que tu comprendras entièrement les motifs qui m'ont ramené à l'idée qu'on ne doit porter aucune atteinte, directe ni *indirecte*, à l'inviolabilité du Roi. La charte dit que les ministres sont *responsables*, c'est-à-dire, qu'ils peuvent être attaqués pour les actes de leur ministère, qui feraient un tort quelconque à des particuliers ou à la nation en masse ; or, dans tout gouvernement d'un roi, mais où le peuple jouit de ses droits, on est convenu que les ministres sont chargés de plein droit de proposer tout ce qui peut être utile, et qu'ils doivent en outre tou-jours signer les actes mêmes du Roi, afin qu'il ne puisse rien être omis d'avantageux au peuple, ni rien fait de préjudiciable, sans qu'un ministre ne soit censé coupable de l'omission ou de l'abus. Tu sens que cela suffit pour l'intérêt du public ou des particuliers qui pourraient avoir à se plaindre du gouvernement, et qu'alors, il serait fort inutile de pouvoir s'en prendre à la personne même du Roi; mais tu sens aussi que sans cette garantie des ministres, on ne peut être satisfait, et qu'il est bien difficile alors qu'on ne comprenne dans ses murmures le Roi lui-même, puisque tout se fait en son nom. La responsabilité des ministres est donc *indispensable* à l'inviolabilité du monarque. Mais, d'un autre côté, lorsqu'une précaution si sage est prise, lorsqu'on peut examiner avec sévérité tout acte des ministres, on a pensé qu'on le ferait avec moins de liberté si l'on n'écartait absolument l'idée que le Roi peut aussi en être accusé, même indirectement; car le nom du chef d'un grand état sera toujours respecté, et ce respect, utile d'ailleurs, serait alors un obstacle à ce que les citoyens, et et sur-tout les gens simples et timides, osassent réclamer. Je le répète donc encore, avec la responsabilité des ministres et celle des autres gens en place, il doit être sévèrement interdit *à qui que ce soit* de prononcer le nom du Roi à l'occasion du mérite de son gouvernement.

LE GRENADIER.

Nous avons sans doute cette responsabilité des ministres; car on ne peut imaginer que les mi-

nistres eux-mêmes veuillent diminuer l'inviolabilité du Roi ?

LE CURÉ.

Hélas ! non, mon ami ; nous n'avons encore
dans la réalité aucune responsabilité de ce genre,
et les ministres semblent tout faire pour que la
charte n'ait aucune exécution sur ce point. Elle
porte qu'une loi réglera cet objet, et les ministres se sont bien gardés jusqu'à présent d'en proposer une de ce genre. Pour moi, je conviens
que je n'aurai aucune confiance en eux tant qu'ils
n'auront pas proposé cette loi, et une loi qui
tende sincèrement à punir les abus des agens du
gouvernement. Je pense qu'ils sentiront à la fin
le tort qu'ils se font, ainsi qu'au Roi, par une
semblable omission.

LE GRENADIER.

Mais, M. le Curé, n'y aurait-il que les ministres *en chef* qui seraient responsables ? Est-ce
que les autres gens en place, tels que nos maires,
nos juges, nos gendarmes, nos receveurs, nos
préfets pourront toujours faire tout ce qu'ils vou-
dront ?

LE CURÉ.

Non certainement. Le *Code pénal*, que la

charte a conservé, prononce des peines contre les fonctionnaires qui abusent de leur pouvoir; mais ces fonctionnaires, et les juges, qui sont de ce nombre, ont imaginé de faire revivre en leur faveur un certain article 75 de la constitution de Bonaparte, d'après lequel aucun agent du gouvernement ne peut être poursuivi sans l'autorisation du *conseil-d'état*. Cet article est évidemment abrogé par la charte, qui d'abord, n'a rétabli aucun *conseil-d'état*, et qui, d'ailleurs, ne peut vouloir aucune injustice, ni rien de ce qui favorise la tyrannie; or, rien au monde n'est plus favorable aux vexations de tout genre, qu'une telle disposition; c'est un véritable *brevet d'impunité*, car, sur cent accusations portées, il n'y en a pas une d'admise, sans compter que sur cent individus lésés, il n'y en a pas un qui ose faire une accusation de ce genre. Encore doit-on observer que si, par hasard, on obtient la mise en accusation d'un fonctionnaire sur mille, ce n'est qu'après s'être ruiné en frais, qu'après s'être consumé de craintes et de soucis, enfin, qu'après que le coupable a eu le temps de faire disparaître les preuves de son délit, ou de se soustraire personnellement et en ses biens aux suites de l'accusation.

LE GRENADIER.

Mais ce conseil d'état seraitdonc bien injuste?

LE CURÉ.

Cela est tout simple, mon ami : Ces conseillers d'état sont presque tous chargés de quelques branches d'administration publique, l'un des contributions indirectes, l'autre des douannes, un troisième des postes, etc. Et très souvent le fonctionnaire inférieur qu'on accuse n'a fait qu'obéir à l'ordre ou à l'instruction *secrète* de l'un d'eux, de sorte qu'un accusé est jugé précisément par *ses complices*. Dailleurs, les renseignemens *à charge* sont toujours envoyés par un procureur général du Roi près les tribunaux, qui peut être déplacé à chaque {ins- tant sur la plainte de Messieurs les conseillers d'état, ou des ministres qui sont aussi du conseil d'état, tandis que ceux à décharge sont envoyés par les chefs immédiats de l'accusé, par le préfet, s'il s'agit d'un maire ou sous-préfet, par le di- recteur des douanes, s'il s'agit d'un employé de cette administration, et ainsi de suite, en sorte que ce sont des accusateurs tremblans d'une part, et des défenseurs complices d'un autre côté, qui font tout dans une telle procédure. Tu vois donc que le conseil d'état ne peut guère prononcer avec justice.

LE GRENADIER.

Tout cela me fait trembler. Mais ce qu'il y a de pire c'est qu'il paraît qu'on n'y gagnerait pas beaucoup à faire juger les gens en place par les juges ordinaires, car il me semble qu'ils font tout par complaisance pour l'autorité, qui n'a jamais tort avec eux. La charte n'a-t-elle rien dit pour qu'ils fassent leur devoir en conscience ?

LE CURÉ.

Elle en a parlé, car la charte renferme le principe de tout ce qui est bon, et elle s'est expliquée avec beaucoup de détails sur l'administration de la justice. Elle veut, par exemple, qu'on juge toujours en public, parce que cela contient les magistrats, puisque tout le monde peut voir s'ils jugent selon la loi. Elle veut aussi que les accusés *au criminel* soient jugés par des *jurés*, c'est-à-dire par de simples particuliers, qui n'ont rien à attendre du gouvernement, et qu'on ne peut d'ailleurs solliciter en faveur de l'un plutôt que de l'autre, puisqu'on ne les connaît pas d'avance. Enfin, outre plusieurs autres bonnes dispositions, la charte a voulu que les magistrats ordinaires fussent *inamovibles*, c'est-à-dire qu'on ne pût les déplacer sans leur faire leur procès. Tu vois combien la charte prend de précautions pour notre bonheur.

LE GRENADIER.

Mais comment se fait-il donc qu'en général les juges fassent si mal leur devoir ?

LE CURÉ.

Cela vient de plusieurs causes. L'une d'elles, qu'on ne peut entièrement imputer au gouvernement actuel, car il faut être juste en tout, c'est cette habitude de servilité contractée chez les gens en place sous tous les régimes, d'abord dans l'ancienne monarchie, ensuite sous nos divers gouvernemens depuis la révolution, et qui paraît s'accroître encore davantage sous celui-ci, de sorte que si cela va toujours de même on ne trouvera plus pour juges que les plus vils esclaves de l'autorité. Mais une autre cause, qui doit être imputée tout entière au ministère actuel, c'est d'avoir éludé pour plusieurs parties de la france, la disposition de la charte qui veut que les juges soient inamovibles, puisque la charte dit que ceux *nommés par le Roi*, jouiront seuls de cette faveur, et que les ministres n'ont point encore fait confirmer *par le Roi* la plupart des juges nommés sous les autres gouvernemens. Enfin, ce qui fait que nous voyons tous les jours les *jurés* eux-mêmes rendre des jugemens si iniques et souvent si atroces, c'est qu'on a encore conservé une des lois les plus tyraniques de bonaparte, d'après laquelle ces jurés sont choisis par les préfets, c'est-à-dire par les serviteurs les plus aveugles de l'autorité.

LE GRENADIER.

Ah ! M. le Curé, vous me faites frissonner.... Je n'ai pourtant jamais tremblé sur le champ de bataille. C'est que c'est bien plus terrible ici. L'on ne peut se défendre, et puis les blessures de la justice ne sont pas honorables comme celles de l'ennemi. Mais l'on ne peut donc pas dormir tranquille dans son lit ? Quoi ! la charte a fait son possible pour garantir nos biens, notre honneur et notre vie, et tout cela n'est rien dans le fait? Qui peut donc porter les ministres du Roi à nous faire autant de mal ?

LE CURÉ.

Hélas! mon ami, c'est un aveuglement funeste

qui paraît s'attacher de préférence aux hommes puissans, comme pour les punir de leur orgueil et de leur délire ambitieux. Il semble qu'une fatalité cruelle leur fasse adopter les maximes les plus fausses de gouvernement. Ils croient ne pouvoir régner sur les hommes que par la fraude et la corruption. Les insensés ! ils ne voient pas qu'il ne peut y avoir de véritable soumission, de véritable fidélité de la part d'un peuple avili. Un esclave corrompu se transforme bientôt en assassin de son propre corrupteur !.....

LE GRENADIER.

Vous avez parlé tout à l'heure des préfets qui peuvent tant faire de mal sur l'article des jurés et sans doute sur bien d'autres articles encore ; est-ce que la charte a établi ces préfets ?

LE CURÉ.

Non certainement, elle n'en dit pas un mot, et lorsqu'elle porte à la fin que les lois existantes, *qui ne lui sont pas contraires*, sont conservées, elle a entendu abroger toutes celles qui sont opposées à sa lettre et à son esprit. Or, puisqu'il est essentiellement dans cet esprit qu'il n'y ait plus de tyrannie, on ne devrait pas maintenir une des institutions les plus propres à la tyrannie, celle des préfectures où un *seul* homme, qui n'est que la créature des ministres, au lieu d'être le délégué des citoyens, peut tout faire à son gré, sans que personne puisse le contrôler que ceux qui lui commandent le plus souvent des actes de despotisme. Nous avions, dans le commencement de la révolution, une bien belle institution à la place des préfectures, celle des administrations départementales, dont les membres étaient nommés par les électeurs au nom du peuple, et dont le président ne pouvait presque rien faire sans le consentement de ses collègues. Il fallait perfectionner ces administrations au lieu de les détruire, et nous n'aurons pas de véritable liberté tant qu'on ne sera pas revenu à une institution à peu près semblable.

LE GRENADIER.

Ah ! M. le Curé, je ne puis m'empêcher de vous le dire avec colère : combien j'en veux à ceux qui nous empêchent ainsi de jouir de la charte !

LE CURÉ.

Ils sont bien coupables sans doute, mais comme je te l'ai dit, ils sont aveuglés et séduits par de fausses maximes, que, malheureusement, le peuple partage jusqu'à un certain point. C'est ce qui fait

voir combien il importe de répandre des idées
justes en politique, dans toutes les classes de
citoyens. C'est d'après cette seule considération
que j'ai pu me décider à te dévoiler tous ces abus,
qu'autrement la charité me commanderait de
taire. Ici l'amour, la charité pour le plus grand
nombre et surtout pour les opprimés, doit l'em-
porter sur l'amour du petit nombre et surtout
des oppresseurs. D'ailleurs, ces abus sont si
nombreux et si criants, ils sont tellement à la
portée de tout le monde que je ne pourrais te
faire bien connaître l'esprit de la charte, et la justifier en quelque sorte de son inefficacité, qu'en
te prouvant que nos maux ne viennent que du
défaut de son exécution.

LE GRENADIER.

Oh ! combien j'aurais encore de choses à vous
demander sur le chapitre des maires, des gendarmes, des receveurs, des employés de la régie
et de tant d'autres gens en place !.....

LE CURE.

Mon ami , nous serions obligés d'entrer dans
des détails considérables si je voulais te faire connaître l'organisation de tous ces corps de fonctionnaires publics. Tu te rappelleras ce que je

t'ai dit dans notre premier entretien, qu'un homme occupé journellement à gagner sa vie ne peut savoir que les choses principales en politique. Autrement, cela lui ferait plus de mal que de bien, car ne pouvant tout approfondir, tous ces détails lui brouilleraient la tête. Mais avec ce que je t'ai dit en général sur l'*inviolabilité* du Roi, sur la *responsabilité* des ministres et des autres gens en place, sur l'*indépendance* des juges et des jurés, sur les véritables bases d'une bonne administration *départementale*, tu peux juger de la bonté de la charte sur tous ces points, ainsi que du malheur que nous avons d'être encore privés des bienfaits qu'elle a voulu nous accorder. Je finirai cet entretien par une règle bien sûre pour juger de la bonté d'un gouvernement, même sans posséder à fond les mystères de la politique : tous les hommes laborieux peuvent-ils gagner leur vie, les hommes malheureux trouvent-ils des secours, l'homme le plus pauvre peut-il obtenir justice contre l'homme le plus puissant ? alors on est bien gouverné. Une seule de ces conditions vient-elle à manquer, le gouvernement est plus ou moins vicieux ; toutes ces garanties viennent-elles à manquer à la fois, on peut alors assurer que le gouvernement est détestable !.....

CINQUIÈME ET DERNIER DIALOGUE.

LE CURÉ.

JE veux t'entretenir aujourd'hui sur la manière dont se font les lois d'après la charte, et sur ceux qu'elle a chargés de ce pouvoir; mais tu dois sentir que cela doit être encore plus difficile que tout ce qui précède, car auparavant, j'avais presque uniquement à rappeler des principes que tout le monde peut juger avec un peu de sens. A présent, j'ai à te parler des moyens qu'on emploie pour assurer la jouissance de ces principes salutaires; et ces moyens pouvant beaucoup varier, il est difficile de pouvoir tous les comparer pour juger quels sont les meilleurs. Je vais te faire comprendre ceci par un exemple : Supposons qu'il s'agisse de labourer ton champ; il sera facile de faire convenir à tout le monde que le but de ce travail est de faire rapporter à la terre le plus possible et avec le moins de dépense, et qu'on ne saurait y parvenir si les gens chargés de labourer peuvent impunément faire tout ce qu'ils veulent. Eh bien! voilà qui répond, dans la politique, au principe tout simple que le but du gouvernement ne peut être que de nous rendre heureux, c'est-à-dire, de nous faire jouir de nos droits d'égalité, de liberté et de propriété, et qu'il est impossible d'y parvenir si les agens de l'autorité peuvent impunément omettre ou violer leurs devoirs. Mais si, quant au travail de ton champ, nous voulions aller plus loin; si, par exemple, nous voulions entrer dans l'explication de tous les instrumens d'agriculture, si nous voulions les comparer à ceux d'autres pays, alors ce serait bien plus difficile, et il faudrait être un laboureur très-instruit pour pouvoir, au premier abord, saisir ces explications. Eh bien! en politique, c'est encore la même chose; et, si l'on voulait entrer dans l'explication de tous les moyens de gouvernement, si l'on voulait comparer ceux d'un pays à ceux d'un autre, il faudrait nécessairement avoir des connaissances en politique, que le commun des hommes ne possède pas.

LE GRENADIER.

Ne pourriez-vous pas, M. le Curé, me donner seulement une idée de la manière dont on fait

les lois en France, uniquement pour que je puisse
à-peu-près m'en douter?

LE CURÉ.

C'est bien à cela que je veux me borner. Tu
dois cependant me donner toute ton attention.

La charte dit d'abord, en général, que le pouvoir de faire des lois est exercé de concert par *le
Roi, la chambre des pairs* et *la chambre des
députés*.

Avant la révolution, le Roi avait à-peu-près,
tout seul, la puissance législative; mais depuis
que nous avons eu des constitutions ou chartes,
le Roi ou autre chef de l'état n'a plus eu qu'une
partie de cette puissance; car on a pensé que ni
lui ni ses ministres ne pouvaient seuls savoir la
pensée de toute la nation, ni avoir toujours la
volonté de suivre cette pensée. Tu comprends
cela, sans doute. On a donc cru devoir choisir
une assemblée de personnes qui pussent mieux
connaître cette pensée de la nation, et avoir
mieux la volonté de la suivre, et c'est cette assemblée qu'on a formée en réunissant les députés
que chaque département envoie à Paris : c'est ce
qu'on appelle la *chambre des députés*. Mais
comme en France et en Angleterre, où nous avons

pris le modèle de notre charte, il y a encore des nobles et des roturiers, on a cru qu'il fallait une chambre particulière pour représenter les nobles. On l'a appelée *chambre des pairs*, parce qu'en Angleterre, ceux qui furent choisis pour la former, se prétendaient les *pairs*, les égaux du Roi. Je t'explique cela pour que tu saches l'origine de ce mot; mais à présent, il n'y a plus de comparaison, même en Angleterre, entre le Roi et les nobles. Quant à cette idée de faire représenter particulièrement la noblesse, elle peut avoir été plus ou moins juste en Angleterre, lorsque la chambre des pairs s'est formée, parce que la noblesse y avait beaucoup de priviléges dont elle conserve encore une certaine partie ; mais j'avoue qu'en France, où les nobles n'ont plus que des *titres et des rangs*, il serait assez ridicule que la *chambre des pairs* ne fût considérée que comme représentant la noblesse. Il me semble qu'on doit s'arrêter à une idée plus raisonnable, c'est que cette chambre est une réunion de citoyens *notables*, c'est-à-dire, les plus considérables de la nation, afin de retenir les prétentions des classes inférieures, abstraction faite de noblesse ou de roture ; on pourrait encore la considérer comme une grande assemblée d'arbitres entre le Roi et la chambre des députés, afin d'empêcher les combats violens qui pourraient naître entre ces deux autres portions de la puissance législative. Cette dernière pensée me semble encore la plus raisonnable; mais, je le répète, on peut beaucoup varier sur la manière de combiner ces ressorts du gouvernement.

LE GRENADIER.

Les *pairs* ne sont-ils pas aussi *héréditaires*, et vous semble-t-il bien juste que des enfans imbéciles ou mauvais sujets succèdent à leurs pères dans un poste aussi considérable ?

LE CURÉ.

Il en est ici de même que pour le Roi. Cette hérédité, qui paraît d'abord si contraire à la nation, n'est instituée que dans son intérêt; puisque le Roi est héréditaire, et que la chambre des pairs a pour but de balancer quelquefois la puissance du Roi, elle serait trop dépendante de la corruption ministérielle, si les pairs n'étaient pas assurés d'un état brillant, non seulement pour eux mais encore pour leur famille. Cette sécurité devient la source des vertus publiques; et, du moins, elle peut empêcher dans les ames faibles cet excès d'avilissement dont la plupart des sénateurs non *héréditaires*

ont donné l'exemple sous le dernier gouvernement.

LE GRENADIER.

Me voilà un peu raccommodé avec l'hérédité
des pairs.

LE CURÉ.

Quant à la chambre des députés, je t'ai déjà
dit qu'elle est composée des députés que les
divers départemens envoient à paris. Cette chambre est plus spécialement chargée de veiller aux
intérêts de la nation. Par exemple, la charte
veut qu'on ne puisse présenter la loi des impôts
à la chambre des pairs avant qu'elle ait été
reçue à celle des députés. C'est elle qui la dis-
cute la première et qui a le privilège de se
réndre ainsi plus agréable au peuple, outre
qu'elle ne craint pas alors d'être entraînée par
l'ascendant d'un concert d'opinion entre le Roi
et la chambre des pairs. C'est aussi à la chambre
des députés qu'on est dans l'usage d'adresser plus
souvent des *pétitions*, c'est-à-dire les demandes
de tout citoyen, soit pour se plaindre d'un tort
commis envers lui, soit pour solliciter quelque loi ou quelque mesure utile au public. Tu
vois donc combien l'on doit avoir soin de ne
nommer pour députés que des gens honnêtes,
courageux et éclairés.

LE GRENADIER.

Il paraît cependant qu'on songe fort peu à cela pour choisir les députés. On nomme toujours, ce me semble, celui qui donne les meilleurs diners, ou bien celui qu'on sait être le plus rusé ou le plus souple pour se présenter à paris chez les grands seigneurs, afin d'obtenir quelque faveur pour ses amis.

LE CURÉ.

Je sais trop que telles sont les déplorables vues qu'ont la plupart des électeurs. Ils ne nomment le plus souvent que de misérables intrigans, des ambitieux, ou des hommes sans énergie, également prêts à sacrifier leurs devoirs les plus sacrés; quelquefois même ils choisissent précisément l'homme qui a déjà mille bassesses ou mille abus de pouvoir à se reprocher. Mais qu'arrive-t-il? Si la commune ou le département sont trop surchargés d'impôts ; si les receveurs font des exactions ; si les gendarmes, les maires, les préfets tourmentent les citoyens de mille manières; si les juges sont les premiers à violer la loi, et si, lorsque les victimes de ces abus présentent leurs réclamations à la chambre des députés, elle témoigne tout haut son impatience et s'empresse de passer *à l'ordre du jour*, c'est-à-dire à prononcer qu'elle ne veut pas s'occuper de redresser des torts dont la plupart de ses membres sont tous les jours prêts à se rendre eux-même coupables; cela est très naturel et les électeurs portent la peine de leur funeste négligence.

LE GRENADIER.

Oh ! mon dieu ! comme le peuple connaît peu son véritable intérêt !...

LE CURÉ,

Laissons ce point, car j'ai le cœur serré toutes les fois que j'y pense.

LE GRENADIER.

Oui, parlons d'autre chose. Tenez, par exemple, si je me le rappelle bien, vous avez promis de me dire, avant de finir, si l'on doit obéir à des lois contraires à la charte. Je reviens à cette idée, car je tremble que de tels députés ne laissent souvent passer de bien mauvaises choses.

LE CURÉ,

Je vais tenir ma promesse : je t'ai déjà dit que c'était une matière bien délicate. La raison en est que la charte ne dit pas qu'on ne puisse

6*

apporter aucun changement à ses dispositions ; même *fondamentales*, d'où l'on pourrait conclure que le Roi, d'accord avec les deux chambres aurait le droit d'annuller complettement la charte. Cependant, comme on voit aussitôt le danger d'une pareille conclusion et combien serait terrible un tel pouvoir, s'il n'était restreint dans de sages limites ; il me semble qu'on peut soutenir avec bien plus de raison que la charte n'a pas voulu mettre entre les mains du pouvoir législatif *ordinaire* une faculté qui compromettrait à chaque instant l'existence même de la charte. Je pense que c'est l'apperçu d'un résultat aussi effrayant qui aura conduit le Roi à déclarer par un des articles de l'ordonnance du 5 septembre 1816, que la charte ne *sera point révisée*. Mais comme il est impossible qu'une charte n'ait pas à la longue besoin de quelques changemens, et qu'en s'obstinant à n'y jamais toucher, on s'exposerait à laisser subsister une loi qui ne serait plus d'accord avec le tems et les besoins de la nation, il faut bien imaginer un moyen de faire ces changemens, toutefois avec prudence et de manière à ne point ébranler à chaque instant les bases de la société, comme cela était sur le point d'arriver en 1816, si le gouvernement

n'avait eu la sagesse d'arrêter un mouvement
aussi désastreux.

LE GRENADIER.

Je comprends que vous avez bien raison, M. le
Curé ; car, puisque c'est sur la charte que repose notre bonheur, il ne faut pas la laisser gâter
ou détruire tout-à-fait par ceux qui ne pensent
qu'à leur intérêt ou à satisfaire leurs folles idées.
Mais comme vous dites aussi, avec raison, qu'il
faut bien y toucher de temps en temps, comment faudrait-il donc s'y prendre pour qu'on
fît les changemens nécessaires peu à peu, et sans
tout bouleverser à la fois ?

LE CURÉ.

Je t'avoue qu'à mon avis, l'ordonnance du 5
septembre 1816, d'ailleurs si favorable, ne rem-
plit point ces conditions d'une manière stable
pour l'avenir, car elle ne lie point les succes-
seurs du Roi actuel ; et lui-même ne serait point
empêché par cette ordonnance de changer d'avis
si les circonstances lui paraissaient exiger une
autre détermination. Dans cette supposition, et
en supposant encore qu'il arrivât de nouveau une
époque semblable à celle de 1816, où les deux
chambres fussent disposées à renverser la charte

même, il n'y aurait absolument aucun remède ; et nous serions perdus sans ressource. Il faut en outre observer que cette ordonnance dit d'une manière trop absolue que la charte *ne sera point révisée*, puisque nous avons reconnu qu'il fallait quelquefois retoucher aux lois, pourvu que ce fût avec prudence. D'après toutes ces considérations, je pense qu'il faudrait une disposition supplémentaire de la charte, d'après laquelle il serait décidé qu'on pourra, *de temps en temps*, réviser cette loi fondamentale, mais avec toutes les précautions nécessaires, pour qu'un moment d'inattention, ou l'ivresse de l'esprit de parti ou d'enthousiasme ne pût faire admettre les lois les plus contraires à son esprit. Je ne puis entrer ici dans les détails relatifs à un tel mode de révision, et je ne puis que te l'indiquer en passant, pour te faire sentir le véritable esprit de la charte à cet égard. J'espère du reste que le gouvernement ou les chambres remarqueront cette lacune importante de nos institutions ; et qu'avec le temps, on songera à la remplir. En attendant, il faut toujours se soumettre aux décisions du pouvoir législatif, tel qu'il est constitué dans l'état actuel; car, je le répétrai sans cesse, il vaut mieux une loi imparfaite bien exécutée que l'absence de toute loi.

LE GRENADIER.

Si du moins la charte était mise à exécution telle qu'elle est, nous serions encore bien heureux !...

LE CURÉ.

Certainement, mon ami. Ainsi notre unique vœu doit être maintenant de voir les ministres du Roi se décider *franchement* à la faire exécuter dans *toutes* ses parties. S'ils persistaient à s'y refuser, l'on devrait les regarder comme les plus aveugles des hommes, ou comme les ennemis les plus dangereux de la nation et du Roi lui-même.

Tu sais maintenant tout ce qui me paraît essentiel sur la nature de la charte, sur son but, qui ne peut être que notre bonheur ; sur ses conditions indispensensables, qui toutes se rapportent en définitif à la jouissance de nos droits imprescriptibles, qui sont l'égalité devant la loi, la liberté sans licence , la conservation de toute espèce de propriété. Ainsi donc, mon ami, tu peux te retirer. Pense quelquefois à ces entretiens, et n'oublie jamais de prier le Dieu de justice et de bonté pour qu'il pénètre enfin les ministres des rois d'un rayon de sa divine et bienfaisante lumière.

LE GRENADIER.

Adieu donc, notre brave et digne Curé. Ja

penserai souvent à tout ce que vous avez eu la
bonté de m'apprendre. Je n'oublierai sur-tout
jamais de demander à Dieu, dans mes prières,
qu'il vous accorde une longue vie et une parfaite
santé. Je lui demanderai enfin qu'il augmente le
nombre des bons curés comme vous.

FIN.